Proverbes Chinois
L'essence de la sagesse antique

Cet ouvrage est paru sous le titre original *Chinese Proverbs*

© 2006 FormAsia Books Limited, Hong Kong

Introduction par Peter Moss
Traduction du Chinois: Agnes Chen Wei-lan
Direction artistique : Hans Lindberg
Numérisation : Format Limited, Hong Kong
Calligraphie : Ian Leung
Marketing FormAsia : Eliza Lee
Archives FormAsia : Sathish Gobinath
Photogravure : Sky Art Graphic Company Limited, Hong Kong

Crédits des illustrations :
Musée du Palais de Beijing : couverture, 3, 12-13, 14-15, 17, 19, 20-21, 28, 33, 45, 52, 56, 60, 62, 64, 68, 70-71, 79, 81, 83, 87, 93, 95, 96-97, 98, 100, 102, 106, 108-109, 111, 113, 115, 117, 121, 122-123, 124, 130, 134-135, 139, 141, 142-143, 144, 148
Chang Dai-chien: 22, 24, 50, 54, 58, 71, 146
Qi Baishi : 47, 73, 75, 77
Musée d'Art de Hong Kong : 30-31, 35, 89
FormAsia Books : 26, 37, 39, 41, 43, 48-49, 66, 85, 91, 104, 119, 126, 128, 132, 137

Pour l'édition française :
© 2008 Éditions France Loisirs
Éditions France Loisirs
123, boulevard de Grenelle, Paris
www.france-loisirs.com

Traduction par Alain Sainte-Marie
Secrétariat d'édition : Catherine Duras
Composition : Nord Compo, Villeneuve-d'Ascq

ISBN : 978-2-298-00729-9
N° Édition : 50319
Dépôt légal : juillet 2008
Tous droits réservés. Aucune partie de ce livre ne peut être reproduite sous quelque forme ou par quelque moyen électronique ou mécanique que ce soit, y compris des systèmes de stockage d'information ou de recherche documentaire, sans l'autorisation écrite de l'éditeur.

Imprimé par RRD Shenzhen, Chine

Proverbes Chinois

L'ESSENCE DE LA SAGESSE ANTIQUE

Traduction : Alain Sainte-Marie

Éditions
France
Loisirs

Proverbes Chinois
L'essence de la sagesse antique

Introduction

Confucius n'est pas toujours l'auteur des paroles qui lui ont été attribuées. Bien avant que les aphorismes et *Entretiens* de ce sage chinois révéré (né en 551 avant J.-C.) ne commencent à circuler au-delà des frontières, faisant connaître leur auteur partout dans le monde, sermons et sentences se transmettaient de génération en génération, par écrit aussi bien que de bouche à oreille.

Une fois que la sinophilie se fut emparée de l'Occident à la suite du récit fait par Marco Polo de ses étonnants voyages dans cette région extraordinairement civilisée située de l'autre côté de la terre, il devint à la mode d'attribuer quasiment toute réflexion intelligente à des sources chinoises. Si ce n'était Confucius lui-même qui l'avait dit, c'était donc l'un de ses compatriotes! Ce qui était souvent le cas, à ceci près que de nombreux aphorismes circulaient déjà sur le territoire chinois longtemps avant la naissance de ce sage.

Les proverbes chinois ont une justesse et une élégance de style qui font que, dans chaque cas, la morale y apparaît de façon mordante et éclatante de vérité. Traversant les siècles, ils sont porteurs d'une pertinence qui transcende les époques et s'applique universellement. Même après des milliers d'années, ils nous apparaissent dans une si grande fraîcheur, comme s'ils avaient été forgés hier, que nous pourrions nous demander: «Pourquoi n'y ai-je pas pensé moi-même?»

Leur brièveté renferme des possibilités dramatiques infinies qui invitent à se questionner sur les circonstances de leur apparition. Qui, le premier, a conseillé de creuser deux tombes lorsqu'on projette de se venger? De quelle funeste conclusion à une vendetta longtemps ruminée cette leçon fut-elle originellement tirée?

La majorité des proverbes chinois est extrêmement sensée et fait mouche. Comment, en effet, peut-on s'attendre à trouver de l'ivoire dans la gueule d'un chien? Et quel espoir y a-t-il d'éteindre un incendie dans un chargement de bois avec une timbale d'eau?

On trouvera, dans ces antiques extraits de sagesse, des parallèles frappants avec des proverbes qui font partie de notre héritage familier. En ramassant une graine de sésame, on peut perdre de vue la pastèque, situation fâcheuse semblable à celle qui consiste à économiser un euro et en prodiguer mille!

Ainsi, jouer de la harpe devant une vache est le pendant à jeter des perles aux pourceaux. Certains préfèrent les carottes, et d'autres les choux est une variante végétarienne de ce qui guérit l'un tue l'autre.

Il n'y a pas de vagues sans vent rappelle immanquablement qu'il n'y a pas de fumée sans feu. Ramasser une pierre pour se la faire tomber sur le pied est, bien sûr, l'équivalent oriental de se tirer une balle dans le pied. Réparer l'enclos après le départ des moutons rappelle qu'il ne faut pas prendre ses précautions trop tard.

D'autres adages chinois sont formulés de façon poétique. Ne pas verser des larmes tant que l'on n'a pas vu le cercueil signifie que l'on s'est obstiné dans une démarche malavisée jusqu'au point de non-retour.

Innocents de tout mal, nous n'avons aucune raison de nous inquiéter des démons qui viendraient frapper à la porte, pourvu que nous gardions présent à l'esprit que la javeline venant de face est plus facile à esquiver que la flèche frappant dans le dos. Si nous manquons de graver ces préceptes en nos cœurs, nous devrons être conscients du fait que, tout comme le jade est sans valeur tant qu'il n'a pas été poli, l'homme ne vaut rien sans éducation.

Ensuite, il y a ces adages qui se laissent moins facilement interpréter, sortes d'images verbales qui incitent à dépasser les impressions premières. On imagine sans peine un moine portant seul la jarre d'eau sur son épaule, deux qui la portent ensemble et trois qui resteront sur leur soif. Toutefois, cette scène offre bien davantage que notre adage de «quand il y a trois personnes, il y en a une de trop».

La parabole des moines nous laisse entendre que l'initiative individuelle peut engendrer la dépendance, au point que, plus il y a de protagonistes, moins on obtient de résultats. Et, au bout du compte, c'est à un autre équivalent occidental que l'on pense, dans cette situation où deux patrons font chavirer la barque.

Il est d'autres exemples, également, où la simple poésie de l'expression peut orienter l'interprétation dans une direction qui n'est pas toujours celle de l'idée première. Plus longue est la nuit, plus nous rêvons. Loin d'être un encouragement à traîner au lit, il s'agit d'une admonestation nous avisant que plus nous restons dans une situation désavantageuse, plus nous prenons des risques.

Bon nombre de proverbes sont résolument provocants et graves. Tuer le poulet avant le singe revient à faire un exemple en exécutant l'un pour semoncer cent autres, ou mettre en garde la foule en punissant quelques-uns.

Puis il y a ceux qui sont assez volontairement obscurs et dont la signification se pare d'énigmes que l'on a plaisir à résoudre. Ajouter des pattes à un serpent après qu'on a fini de le dessiner signifie faire quelque chose de totalement inutile qui gâche ce qu'on avait déjà réalisé.

Se faire percer les oreilles juste avant la cérémonie du mariage met en garde contre la tendance à remettre au lendemain, au moyen de l'image d'une mariée endurant un inconfort extrême sur l'estrade nuptiale, parce qu'elle a remis cet important détail jusqu'au dernier moment.

De tous les animaux du bestiaire chinois, le tigre occupe une place à part. Les Chinois disent que l'homme meurt et laisse un nom, alors que le tigre meurt et laisse une peau.

Ils nous avertissent de ne pas échapper à la crue en s'accrochant à la queue du tigre. Mais quand bien même le ferions-nous, pour notre plus grand bonheur posthume, nous pouvons toujours nous consoler avec le fait qu'un tigre ne revient jamais sur un festin interrompu!

Lequel d'entre nous pourrait-il oublier que celui qui chevauche un tigre craint d'en descendre, ou bien que, lorsque le tigre meurt, il ne perd pas sa dignité? Néanmoins, le tigre qui descend dans la plaine court le risque d'être insulté par les chiens. Encore qu'un autre proverbe chinois prévienne que si tu manques le tigre, le tigre ne te manquera pas!

Même sans tigres, un monde où il y a toujours des oreilles de l'autre côté du mur, où les puces cherchent refuge sur une tête chauve, où la belette vient souhaiter la bonne année aux poules et où les galeries creusées par une fourmi peuvent très bien détruire tout un barrage, un tel monde pourra paraître bien angoissant.

Mais si vous revenez aux *Entretiens*, vous trouverez de l'apaisement dans le fait qu'un livre contient un refuge d'or, que les mouches ne s'intéressent pas à l'œuf qui n'est pas fêlé, que de même qu'un fils ne quitte pas sa mère pour son apparence ordinaire, un chien n'abandonnera pas son maître à cause de sa pauvreté. Et tandis que la bonne fortune peut être annonciatrice de malchance, de même, à son tour, la malchance pourra cacher la bonne fortune.

Consolez-vous également avec le fait que même un lièvre peut mordre quand il est acculé, et reconnaissez que, de toutes les stratégies, la meilleure est de savoir quand se retirer. Alors, le cœur brave et la démarche assurée, vous voilà prêt pour vous lancer dans le proverbial voyage des mille lieues, entendu qu'il commence nécessairement par le premier pas!

La sagesse réunie dans ces pages n'est, par conséquent, que le premier pas d'un itinéraire gratifiant de découverte de la sagesse encore plus grande accumulée au fil des millénaires par l'une des plus anciennes et plus éminentes civilisations que cette terre ait portées!

Peter Moss

La Peinture de Cour du Musée du Palais de Beijing

Durant le règne des florissants empereurs Qing – Kangxi, Yongzheng et Qianlong –, la Cour devint le principal mécène des arts, en ce temps de stabilité politique et de prospérité économique de leur vaste royaume.

L'empereur Kangxi, dont le portrait figure sur la couverture de ce livre, renforça le pouvoir Qing militairement et politiquement. Il conforma son gouvernement aux traditions confucéennes des sujets à dominante Han sur lesquels il régna pendant plus de soixante ans. En outre, il fut un virtuose de la culture chinoise des Han, entre autres de la calligraphie, tout en étant un interlocuteur extrêmement intelligent et curieux des Occidentaux qui venaient en Chine et travaillaient à la Cour impériale.

Yinzheng, le fils de Kangxi, qui devint l'empereur Yongzheng en 1723, avait la réputation d'être un grand administrateur qui appliqua des réformes fiscales et administratives. Son court règne est connu pour la magnifique production d'art décoratif qui sortit des ateliers du palais.

Le fils de Yinzheng, l'empereur Qianlong, réunit à son tour la plus grande collection d'œuvres d'art de tous les temps et fut un poète prolifique et très talentueux qui laissa quelque 30 000 poèmes!

Les arts, à la Cour des Qing, servaient aux empereurs (d'origine mandchoue) à revendiquer et à asseoir leur autorité sur les divers territoires qu'ils gouvernaient et qui s'étendaient des steppes de Mongolie et des déserts du Nord aux cultures maraîchères et aux rizières du Sud semi-tropical.

La Chine impériale eut peu de contacts directs avec l'Occident durant les règnes des trois empereurs Qing. Toutefois, l'excellence technique des Occidentaux ne laissait d'intriguer ces dirigeants. Une galerie située à l'intérieur de la Cité interdite abritait des peintures, des horloges et des œuvres d'art décoratif qui témoignent de l'intérêt que portaient les Chinois à l'habileté et à l'inventivité des autres nations. Ces objets, offerts en cadeaux aux empereurs, illustrent les relations cordiales entretenues avec les jésuites qui se rendaient en Chine en quête de conversions aux XVIe et XVIIe siècles.

Le jésuite le plus célèbre envoyé en mission auprès de la Cour impériale fut l'artiste Lang Shining, plus connu sous son nom occidental de Giuseppe Castiglione (1688-1776). Sa peinture, destinée originellement au marché occidental, représente la nature d'une manière détaillée et très réaliste, tout en incorporant certains motifs décoratifs chinois. La fusion des manières chinoise et européenne joua un rôle clé dans la définition du style pictural associé à la Cour des Qing.

Le musée du Palais fut aménagé sur le site du Palais impérial, à Beijing. Le Palais, connu également sous le nom de Cité interdite, fut érigé en 1420. Les collections du musée comprennent les anciennes collections impériales des dynasties Ming (1368-1644) et Qing (1644-1911).

QI BAISHI (1864-1957)

Contrairement à la majorité des plus grands artistes de la Chine, Qi Baishi était fils d'un fermier impécunieux. Né en 1864 dans la province du Hunan, la famille de Qi ne fut pas en mesure de payer pour qu'il aille à l'école. Il travailla donc comme bouvier et charpentier avant d'apprendre la peinture à l'âge de 27 ans. Il commença par des peintures populaires des dieux, puis il passa aux paysages, aux oiseaux et aux figurations humaines.

En 1918, après la chute de la dynastie Qing, Qi Baishi s'installa définitivement à Beijing. Là, ses œuvres, sans recherche quoique pleines d'élégance, n'eurent pas les faveurs des connaisseurs, et Chen Shizeng, confrère et admirateur de l'œuvre de Qi Baishi, l'engagea à échanger son style méticuleux contre l'esquisse libre. Fort de cette nouvelle inspiration, Qi Baishi entama un programme de «transformation» en se retirant pratiquement de la société. Il mit un écriteau sur sa porte qui disait : « Le vieux Baishi a fait une rechute du cœur et ne reçoit plus. »

Après des années d'isolement et de travail acharné, son style unique, qui incorpore des éléments d'inspiration autobiographique atteignit la maturité. Il consacra son art à célébrer la nature, à une époque où la Chine traversait une période de transformation sociale et culturelle. Il conserva sa philosophie paysanne et détesta les manières sophistiquées des citadins, se languissant, au contraire, de la vie paisible de la campagne.

Qi Baishi reçut le Prix international de la paix en 1955 et fut cité parmi les dix génies culturels du monde en 1962. Il mourut le 16 septembre 1957.

On retrouvera les peintures de Qi Baishi, pages 47, 73, 75 et 77.

Chang Dai-Chien (1899-1983)

Chang Dai-chien est né le 10 mai 1899 à Nei-Chiang, dans la province du Sichuan, le neuvième enfant d'une riche famille. Refusant d'embrasser une carrière dans les affaires, il entra au monastère bouddhiste avant de commencer à se familiariser avec la calligraphie et la peinture chinoises, il avait dix-neuf ans. Chang s'installa à Shanghai en 1919 pour y étudier avec des artistes de premier plan. Suivant une méthode d'apprentissage propre aux étudiants chinois, il exécuta de nombreuses copies de chefs-d'œuvre de l'art et commença à développer sa capacité légendaire (et avérée) à recréer des œuvres de diverses périodes.

La faillite en 1925 de nombreuses affaires familiales le priva de ses revenus, le forçant à commencer à vendre ses œuvres. Sa première exposition d'une centaine de peintures à Shanghai en 1926 remporta un immense succès et lança sa carrière.

Quittant la Chine à la suite de la Guerre civile de 1945-1949, Chang séjourna à Hong Kong, à Taiwan, en Inde et en Argentine avant de se fixer au Brésil en 1954. Il se rendit à Paris en 1956 à l'occasion d'une rétrospective de son œuvre au musée d'Art moderne. Son entrevue avec Pablo Picasso lors de ce voyage fut considérée comme la rencontre de deux maîtres de l'art, l'un d'Occident et l'autre d'Orient. Chang se réinstalla finalement à Taiwan en 1976 où il consacra ses dernières années à la peinture et à la création de sa «maison jardin», connue sous le nom de «Demeure des Illusions».

En plus de ses œuvres originales primées, Chang est célèbre pour sa virtuosité à imiter et même à dépasser le travail des peintres qui l'ont précédé. Aujourd'hui, quantité de ces imitations sont exposées à côté des originaux de Chang dans les musées du monde entier!

Les peintures de Chang Dai-Chien sont présentées pages 22, 24, 50, 54, 58, 71 et 146.

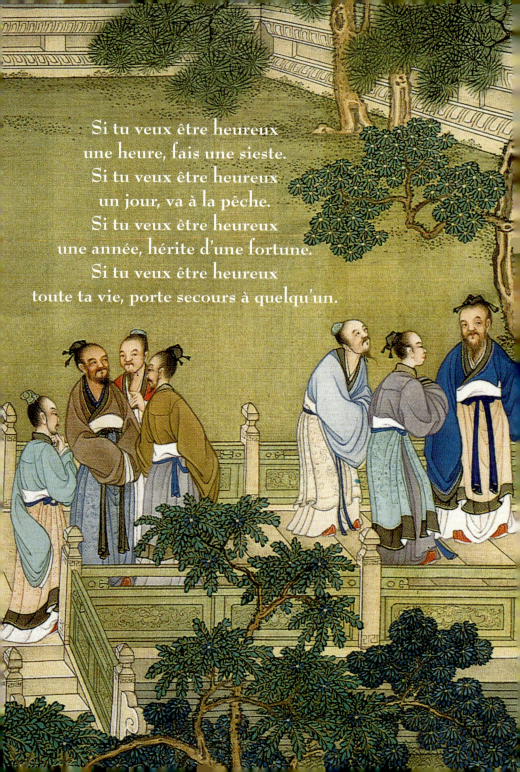

Si tu veux être heureux une heure, fais une sieste.
Si tu veux être heureux un jour, va à la pêche.
Si tu veux être heureux une année, hérite d'une fortune.
Si tu veux être heureux toute ta vie, porte secours à quelqu'un.

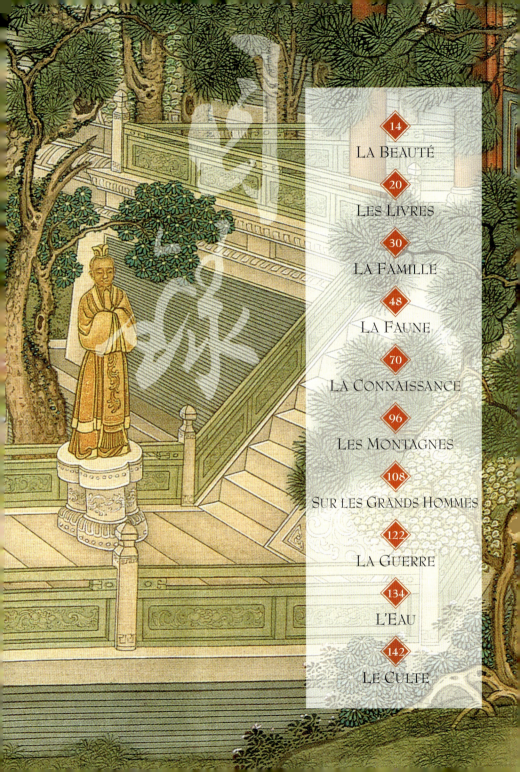

- 14 LA BEAUTÉ
- 20 LES LIVRES
- 30 LA FAMILLE
- 48 LA FAUNE
- 70 LA CONNAISSANCE
- 96 LES MONTAGNES
- 108 SUR LES GRANDS HOMMES
- 122 LA GUERRE
- 134 L'EAU
- 142 LE CULTE

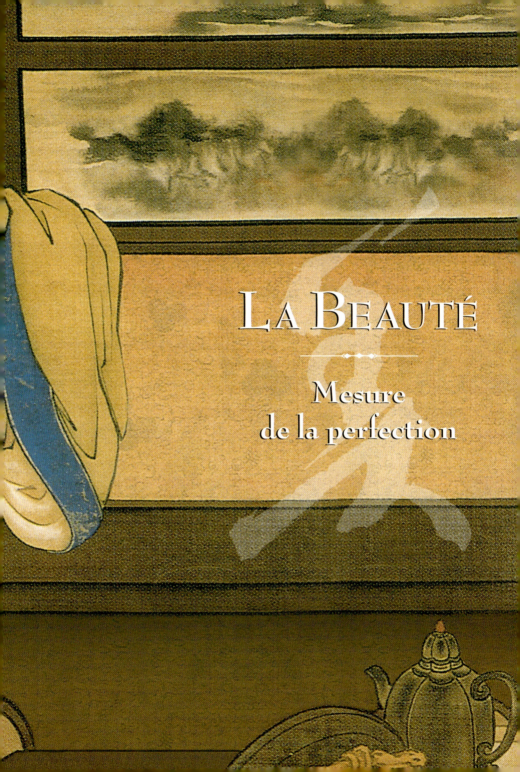

La Beauté

Mesure de la perfection

C'est le bel oiseau
qui est invariablement mis en cage.
木秀於林 風必摧之

La lumière est bonne,
quelle que soit la lampe dont elle provient.
有麝自然香

Toutes choses ont une part de beauté,
mais tout le monde n'y est pas sensible.
造化之妙 知者能幾

Différentes fleurs sont belles
aux yeux de différentes personnes.
各花入各眼

Évite d'employer des serviteurs
trop plaisants à l'œil.
童僕勿用俊美

Fais différents rêves
dans un même lit.
同床異夢

La faute de l'un est la leçon de l'autre.
前車可鑑

Connaître n'est pas aussi agréable qu'aimer ;
aimer n'est pas aussi agréable que ressentir
du plaisir.
知之不如好之 好之不如樂之

情殷鑑古
道光己酉清和月

Les Livres

La transmission
des normes
culturelles

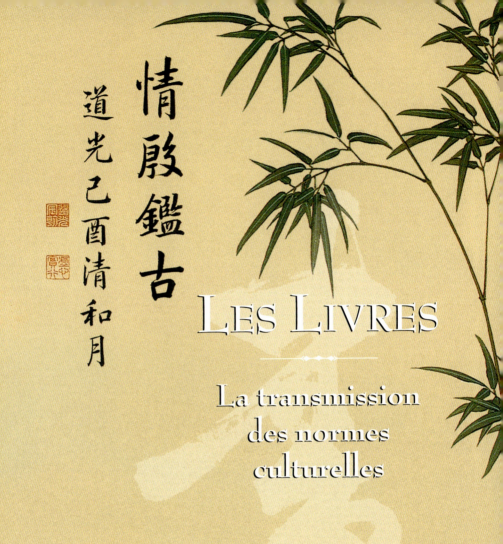

Ceux qui ne lisent pas ne sont pas plus riches
que ceux qui ne savent pas lire.

知而不行 是為不能

L'étude sans la réflexion est une perte de temps ;
la réflexion sans l'étude est dangereuse.

學而不思則罔 思而不學則殆

Si tu veux connaître les pensées d'un homme,
écoute attentivement ses paroles.

言為心聲

Après trois jours sans lecture,
la conversation perd toute saveur.

三日不讀 便覺語言無味 面目可憎

Le savoir est un trésor qui suivra partout
son détenteur comme une ombre.
學為寶庫 永遠傍身

Un esprit vacant est ouvert à toutes
les suggestions, comme un bâtiment vide
réverbère tous les sons.
胸無城府 人云亦云

Le commencement de la sagesse consiste
à appeler les choses par leur nom exact.
名正則言順

La véritable connaissance,
c'est de connaître l'étendue de son ignorance.
自知無知 為知者也

La vie est finitude,
tandis que la connaissance est infinie.
生也有涯 而知也無涯

Un livre est comme un jardin
que l'on emporte avec soi dans sa poche.
書中自有黃金屋

Un esprit fermé est pareil à un livre clos :
rien de plus qu'un bloc de bois.
思想不開放 封閉像塊木

On n'a jamais fini d'apprendre une leçon.
學無止境

拾

Il n'y a pas d'erreur ; il n'y a que des leçons.
經一事 長一智

拾

Les bons conseils, comme les bons médicaments,
sont difficiles à avaler.
良藥苦口利於病 忠言逆耳利於行

拾

Lorsque nous perdons la partie,
nous ne perdons pas la leçon.
行而有失 不失教訓

拾

Qui n'est pas content de lui-même mûrira ;
qui n'est pas sûr d'avoir raison
apprendra beaucoup.
滿招損 謙受益

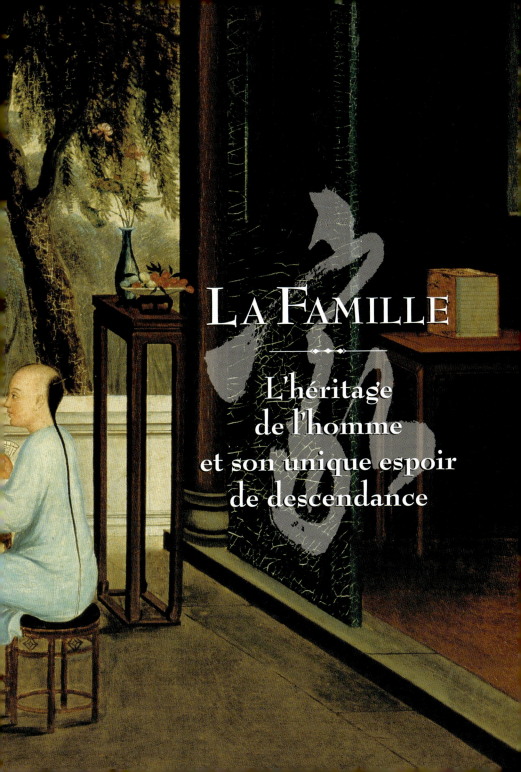

LA FAMILLE

L'héritage
de l'homme
et son unique espoir
de descendance

Si la famille vit dans l'harmonie,
toutes les affaires fleuriront.
家和萬事興

Pour comprendre l'amour de tes parents,
élève toi-même des enfants.
養子方知父母恩

La vie est en partie ce que nous en faisons
et en partie ce qu'en font les amis que nous choisissons.
生命憑自主 擇友能輔之

Une fois pauvre, les voisins proches se feront
distants ; une fois riche, tu seras surpris
de recevoir la visite de parents venus de loin.
窮在路邊無人問 富在深山有遠親

Chaque jour ne peut être une fête des lanternes.
花無百日紅

Un chien n'abandonnera pas son maître
à cause de sa pauvreté ; un fils ne quitte pas sa
mère pour son apparence ordinaire.
兒不嫌母醜 狗不嫌家貧

Si un fils est sans éducation,
c'est son père qui est à blâmer.
子不教 父之過

Lorsque tu manges des pousses de bambou,
souviens-toi de celui qui les a plantées.
飲水思源

Une pièce commune à plusieurs
ne sera balayée par personne.
三個和尚沒水吃

Il est plus facile de gouverner un royaume
que de diriger une famille.
國易治而家難齊

Lorsque tu sors, surveille le temps qu'il fait ;
lorsque tu rentres, observe le visage des gens.
在外看天色 屋內看臉色

Considère les fautes des autres
avec autant de douceur que les tiennes.
恕己及人

拾

Avec les vrais amis, même l'eau que l'on boit
ensemble est particulièrement délectable.
知心能相聚　喝水也心甜

拾

Lorsque frères et sœurs se disputent,
c'est le spectateur qui en profite.
鷸蚌相爭　漁人得利

拾

Donner un métier à ton fils
vaut mieux que lui donner mille pièces d'or.
遺子黃金滿籯　不如一經

拾

Fais appel à un jeune charpentier,
mais consulte un vieux médecin.
量才而用

17

Aime ton voisin, mais ne démolis pas
la clôture qui est entre vous.
防人之心不可無

18

Les légumes que l'on fait pousser soi-même
ne sont pas aussi savoureux
que ceux qui poussent chez le voisin.
本地薑不辣

19

Nos bonnes actions ne sortent pas du foyer,
nos piètres actions voyagent loin.
好事不出門 壞事傳千里

20

L'ami est celui qui entre
après que tout le monde est parti.
患難見真情

21

Ne fais jamais rien debout
que tu pourrais faire assis, ni rien assis
que tu pourrais faire allongé.

殺雞焉用牛刀

22

Que ta langue ait le tranchant d'une dague,
mais que ton cœur soit tendre comme le tofu.

刀子嘴 豆腐心

23

À la naissance, nous arrivons les mains vides ;
à la mort, nous partons les mains vides.

生不帶來 死不帶走

24

L'homme qui attend qu'un canard lui tombe tout rôti
dans la bouche devra attendre très, très longtemps.

守株待兔

貳拾
25

Même la plus habile des femmes
ne cuisine pas sans riz.
巧婦難為無米炊

貳拾
26

Parler ne fait pas cuire le riz.
空談不能飽肚

貳拾
27

Il n'y a pas de banquets
sans fin sous le soleil.
天下無不散之筵席

貳拾
28

Berne-moi une fois, honte à toi !
Berne-moi deux fois, honte à moi !
愚我一次貽爾羞 愚我者再我則恥

貳拾
29

Ce n'est pas le vin qui enivre,
mais les hommes qui s'enivrent eux-mêmes ;
ce n'est pas le vice qui tente les hommes,
mais les hommes qui se tentent eux-mêmes.

酒不醉人人自醉

叁
30

Si tu vois dans ton vin le reflet
d'une personne qui n'est pas
dans ton champ de vision, arrête de boire.

適可而止

叁拾
31

Après avoir vanté le vin,
ils nous vendent du vinaigre.

掛羊頭 賣狗肉

叁拾
32

Ne t'attends pas à ce que les deux extrémités
de la canne à sucre soient sucrées.

針無兩頭利

La Faune

Communauté de tous les êtres vivants

Noir ou blanc,
s'il attrape les souris, c'est un bon chat.
不管黑貓白貓 能捉老鼠是好貓

L'expérience est un peigne que la nature donne
aux hommes quand ils sont chauves.
人老賺經驗 只是難回頭

Les corbeaux sont noirs en tous lieux.
天下烏鴉一樣黑

Quand tu n'as plus que deux sous de fortune,
achète une miche de pain avec l'un
et une fleur de lys avec l'autre.
靈糧與食糧 兩者不可缺

Donne à l'homme un poisson et il aura de quoi manger
pendant une journée. Apprends à l'homme à pêcher
et il aura de quoi manger pour le restant de ses jours.
釣勝於魚

Une famille se gouverne
comme on cuit un poisson, très délicatement.
治大國若烹小鮮

Si tu veux attraper du poisson,
rentre chez toi et fabrique un filet.
臨淵羨魚 不如退而結網

Temps et patience transforment
la feuille de mûrier en tunique de soie.
只要有恆心 鐵杵磨成針

Sans doute les arbres préfèrent-ils le calme,
mais le vent refuse de tomber.
樹欲靜而風不息

Le meilleur moment pour planter un arbre,
c'était il y a vingt ans.
Le second meilleur moment, c'est maintenant.
亡羊補牢 未為晚也

Pour cultiver des arbres, il faut dix ans ;
pour cultiver les gens, il faut cent ans.
十年樹木 百年樹人

Même le puissant chêne
est né d'un gland.
英雄莫問出處

拾

Tout bon lapin
a trois entrées à son terrier.

狡兔三窟

拾

Même le lièvre peut mordre quand il est acculé.

趕狗入窮巷

拾

On ne construit pas un bateau neuf avec du bois vieux.

朽木不可雕也

拾

C'est seulement quand la saison froide approche
que le pin et le cyprès
nous révèlent leurs feuillages persistants.

歲寒然後知松柏之後凋也

拾

Un seul oiseau que l'on tient dans la main
vaut davantage que cent dans la forêt.
一鳥在手　勝如百鳥在林

拾

Qui garde un rameau vert en son cœur
verra venir l'oiseau chanteur.
心中有枝葉　引得黃鶯留

拾

Nul n'empêche les oiseaux du malheur
de voler au-dessus de sa tête, mais chacun
peut les empêcher de nicher dans ses cheveux.
哀愁雖飛過　莫任府中留

貳

Une fourmi peut très bien détruire tout un barrage.
千里之堤　潰於蟻穴

貳拾

Il ne faut pas juger le cheval à son harnais.
人不可以貌相

貳拾

La distance met à l'épreuve la résistance des chevaux,
mais seul le temps révèle le cœur des hommes.
路遙知馬力　日久見人心

貳拾

Qui pense avoir perdu son cheval
pourrait, qui sait, le voir revenir un jour
avec toute une écurie.
塞翁失馬　焉知非福

貳拾

Une fois qu'un mot est sorti de la bouche, nul ne peut
le rattraper, pas même avec le coursier le plus rapide.
一言既出　駟馬難追

貳拾
25

Cheval au bord du précipice
n'obéit plus aux rênes.
懸崖勒馬收韁慢 船到江心補漏遲

貳拾
26

À la niche, le chien aboie après ses puces.
À la chasse, il ne s'en aperçoit même plus.
大人不檢細行

貳拾
27

Ce n'est pas dans la gueule d'un chien
que l'on trouve de l'ivoire.
狗嘴裏吐不出象牙來

貳拾
28

Le chien mal nourri est le déshonneur du maître.
狗瘦主人羞

貳拾

Surprenant comme une grue
au milieu d'une basse-cour !
鶴立雞群

叁拾

Même avec ses quatre pattes,
un cheval peut trébucher.
人有失手　馬有失蹄

叁拾

Ajoute des pattes au serpent
après l'avoir dessiné.
畫蛇添足

叁拾

Qui ne tente rien n'a rien.
不入虎穴　焉得虎子

Qui chevauche un tigre craint d'en descendre.
騎虎難下

Avec de l'argent, tu es un dragon ;
sans argent, tu es un ver.
有錢一條龍 無錢一條蟲

Intenter un procès revient à perdre
une vache au bénéfice d'un chat.
拾了芝麻 丟了西瓜

Les lèvres de l'âne ne vont pas
sur la bouche d'un cheval.
驢唇不搭馬嘴

叁拾
37

L'hirondelle ne sait rien
des nobles ambitions de l'aigle.
燕雀安知鴻鵠之志

叁拾
38

Lorsque tu peins un dragon,
n'oublie pas de lui donner des yeux.
畫龍須點睛

叁拾
39

Lorsque tu peins un dragon, tu peins ses écailles,
non ses os ; quand tu vois un homme,
c'est son visage que tu vois, non son cœur.
畫虎畫皮難畫骨 知人知面不知心

肆拾
40

Rien ne sert de tuer la poule
pour avoir ses œufs.
莫殺雞取卵

自稱臣是酒中仙

丙子春日
散釋十三兄屬寫老白行吟圖仿吾家上元老人筆法圖此呈正 子羹

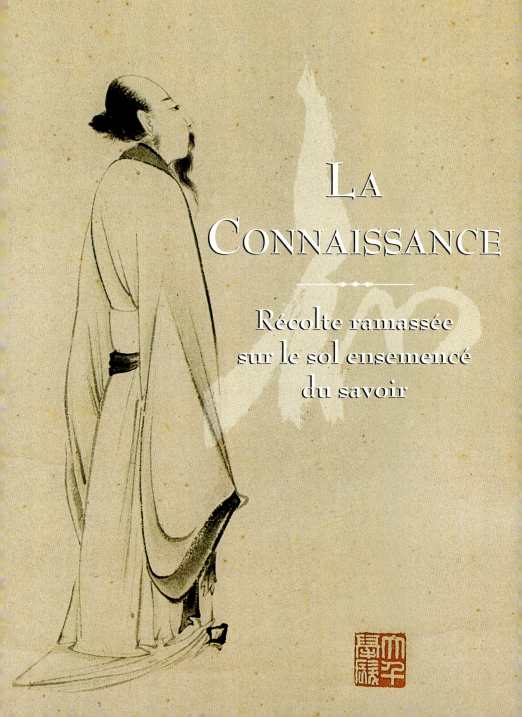

La Connaissance

Récolte ramassée sur le sol ensemencé du savoir

Ce que l'on sait, reconnaître qu'on le sait ;
ce que l'on ne sait pas, reconnaître
qu'on ne le sait pas : voilà le savoir véritable.
知之為知之 不知為不知 是知也

Ce que tu ne souhaites pas pour toi-même,
ne le souhaite pas aux autres.
己所不欲 勿施於人

La vraie connaissance,
c'est celle des limites de sa connaissance.
人貴有自知之明

Si vous ne voulez pas qu'on le sache,
mieux vaut encore ne pas le faire.
若要人不知 除非己莫為

Qui a la conscience claire
ne craint pas une visite à minuit.
平生不做虧心事　半夜敲門也不驚

Qui nie tout, confesse tout.
此地無銀三百両

Si tu veux être heureux une heure, fais une sieste.
Si tu veux être heureux un jour, va à la pêche.
Si tu veux être heureux une année,
hérite d'une fortune. Si tu veux être heureux
toute ta vie, porte secours à quelqu'un.
小睡怡神片刻　垂釣輕鬆一日
遺贈享樂一年　助人幸福一生

N'hésite jamais à consulter un subalterne.
不恥下問

Si tu veux connaître ton passé,
examine ta situation présente.
Si tu veux connaître ton avenir,
examine tes actions présentes.

想知前世事 今生受者是
想知來世事 今生作者是

Les maladies peuvent être guéries,
le destin est incurable.

病可醫 命運難移

Quand l'oreille refuse d'entendre,
le cœur échappe au chagrin.

耳不聽 心不煩

Choisis un métier que tu aimes et tu n'auras pas à
travailler un seul jour de ta vie.

樂業則無苦工

拾

13

Tomber dans le fossé rend plus sage.
吃一塹 長一智

拾

14

En colère parce que je n'avais pas de chaussures,
je tombai sur un homme qui n'avait pas de jambes.
知足常樂

拾

15

Aigre, doux, amer, âcre,
vous goûterez à tout sur le chemin de la vie.
嘗盡酸甜苦辣

拾

16

Nulle pierre ne peut être polie sans friction,
nul homme ne peut se parfaire sans épreuves.
玉不琢不成器 人不學不知理

Que celui qui n'a pas un visage souriant
s'abstienne d'ouvrir boutique.

不能笑臉迎賓 切莫開店待人

Ouvrir un magasin est aisé,
le conserver relève de l'art de la survie.

創業容易守業難

Un homme dit un mensonge
et cent le répètent comme étant la vérité.

謠言説百遍便成真理

Il y a toujours une oreille
de l'autre côté du mur.

隔牆有耳

貳拾
21

Si tu te montres patient dans un moment
de colère, tu échapperas à cent jours de chagrin.
忍得一時之氣 免得百日之憂

貳拾
22

Voir une fois par soi-même
vaut mieux qu'entendre cent explications.
百聞不如一見

貳拾
23

Deviner ne coûte rien.
Deviner de façon inexacte coûte cher.
猜揣方便 猜錯價高

貳拾
24

Regarde à deux fois,
cela ne coûte rien.
小心無大過

25

Les grandes fortunes dépendent
de la chance, les petites de la diligence.

大富由天 小富由儉

26

Ne fais aucune promesse sous l'emprise de la joie ;
n'écris aucune lettre sous l'emprise de la colère.

喜時多失言 怒時多失理

27

Pour être véritablement heureux et satisfait,
oublie ce que cela signifie que d'être heureux
ou satisfait.

知足常樂 源自無求

28

Un meurtre pourra être pardonné ;
un affront n'est jamais pardonné.

士可殺 不可辱

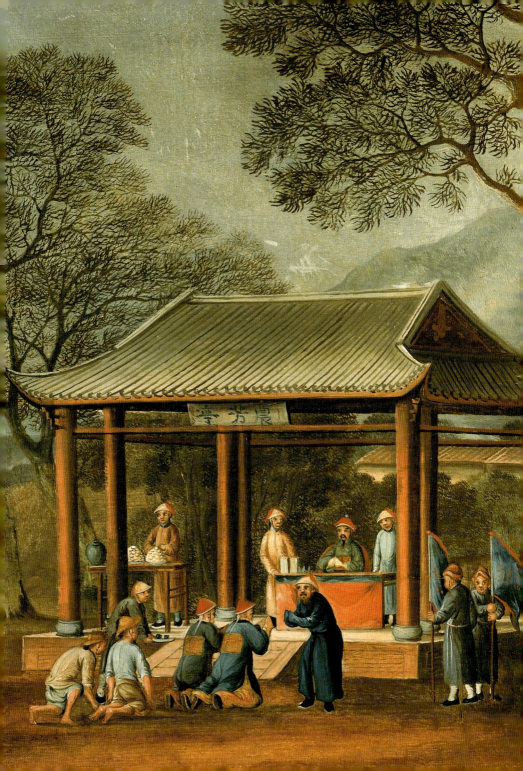

貳拾

Dis-moi et j'oublierai ;
montre-moi et je m'en souviendrai peut-être ;
implique-moi et je comprendrai.
言語易忘 眼見能記 參與能通

叁

L'échec est le fondement de la réussite
et le moyen d'y parvenir.
失敗乃成功之母

叁拾

Le savoir qui n'augmente pas quotidiennement
décroîtra quotidiennement.
學不日益則日損

叁拾

Si tu négliges ton art pendant une journée,
il te négligera pendant deux.
拳不離手 曲不離口

叁拾

33

Si tu dois jouer,
décide de trois choses dès le départ :
des règles, de l'enjeu et à partir de quand te retirer.
玩遊戲，先決者三：規則、注碼及離場時間

叁拾

34

Ne rends aucun service uniquement pour
en être récompensé.
施恩莫望報

叁拾

35

Rends heureux ceux qui sont près de toi,
ceux qui sont loin s'approcheront.
近者說 遠者來

叁拾

36

La langue est comme un couteau bien aiguisé,
elle peut tuer sans faire couler le sang.
舌劍殺人不見血

Celui qui pourrait prévoir les affaires
avec trois jours d'avance
serait riche pendant des milliers d'années.
能知三日事 富貴幾千年

Ceux qui prétendent que cela est impossible à faire
ne devraient pas empêcher les autres de le faire.
己所不能 勿阻人為之

Un seul fait
vaut une cargaison d'arguments.
事實勝於雄辯

Le meilleur endroit pour trouver une main
secourable est au bout de ton propre bras.
求人不如求己

肆拾

Un sourire te fera gagner dix ans de vie.
笑一笑 十年少

肆拾

Celui qui connaît la vérité n'est pas l'égal
de celui qui l'aime, et celui qui l'aime
n'est pas l'égal de celui qui y trouve du plaisir.
知之者不如好之者 好之者不如樂之者

肆拾

Une fraction de temps vaut une once d'or,
mais l'once d'or
ne peut acheter cette fraction de temps.
一寸光陰一寸金 寸金難買寸光陰

肆拾

Une parole murmurée à l'oreille
peut s'entendre à des kilomètres à la ronde.
耳邊私語 可傳萬家

肆拾
45

Quand tu t'inclines, incline-toi bien bas.
既來之 則安之

肆拾
46

Qui sacrifie sa conscience à son ambition brûle
une image pour en récupérer les cendres.
為野心而毀良知 如焚丹青求灰燼

肆拾
47

Parler de bonté n'est pas le bien,
mais le faire, si.
口惠不如實至

肆拾
48

L'homme qui a commis une erreur
et ne la corrige pas
commet une deuxième erreur.
過而不改 是謂過矣

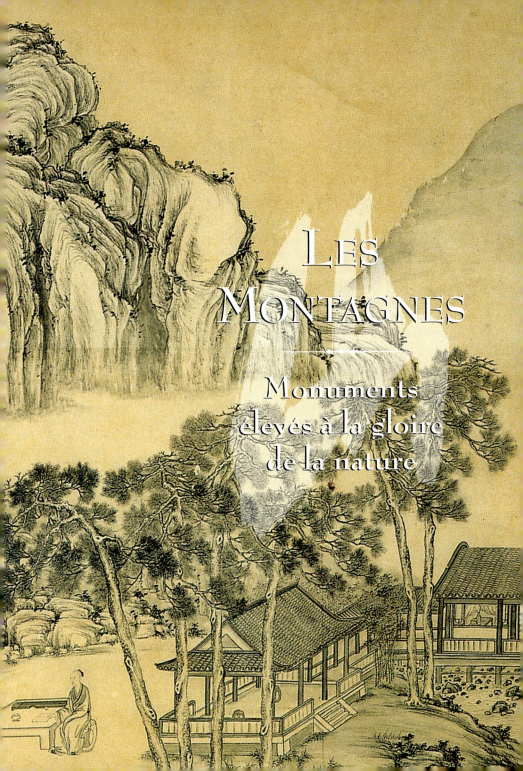

Les Montagnes

Monuments élevés à la gloire de la nature

Nombreux sont les chemins
qui conduisent au sommet de la montagne,
mais la vue y est la même.
一致而百慮 殊途而同歸

La montagne la plus haute
commence à sa base.
萬丈高樓平地起

Pour voir les plaines, grimpe sur les montagnes.
登高望遠

Celui qui déplace la montagne
commence par enlever de petites pierres.
高山可以移 需從片石始

Les hommes ne butent pas sur des montagnes,
ils butent sur des taupinières.
小河溝裏翻船

Le vent peut hurler aussi fort qu'il veut,
la montagne ne se courbera jamais sur son passage.
大山不為狂風折腰

Suffisamment de pelletées de terre : une montagne.
Suffisamment de seaux d'eau : un fleuve.
積土成山 積流成河

J'ai rêvé de mille chemins nouveaux… Au matin,
je me suis réveillé et j'ai suivi mon vieux sentier.
夢裏千般 醒來依舊

Seul l'homme qui traverse le fleuve de nuit
connaît la valeur de la lumière du jour.
事非經過不知難

Seul celui qui a suivi le chemin
sait où les ornières sont profondes.
事非經過不知難

Si tu veux savoir ce qu'il y a devant,
demande à ceux qui en reviennent.
要知前頭路　須問過來人

Ne t'inquiète pas de l'endroit où tu es tombé,
mais plutôt de celui où tu as glissé.
勿念其失　必求其因

拾
13

Si tu marches dans la neige,
tu ne pourras pas cacher tes traces.

人過留跡 雁過留聲

拾
14

Un voyage de mille lieues
commence toujours par un premier pas.

千里之行 始於足下

拾
15

Plutôt manquer de nourriture pendant trois jours
que de manquer de thé pendant un seul.

寧可食無肉 不可居無竹

拾
16

Du riz à gros grain, de l'eau
et un bras replié pour oreiller :
voilà qui peut suffire à goûter au bonheur.

飯蔬食 飲水 曲肱而枕之 樂亦在其中矣

拾

Où que tu ailles,
vas-y de tout ton cœur.
悉力以赴

拾

Les aveugles entendent
ce que voient les sourds.
盲者聽 聾者視

拾

Quand le sage montre la lune,
l'imbécile regarde le doigt.
一犬吠影 百犬吠聲

貳

Mieux vaut tard que jamais,
mais mieux vaut encore jamais tard.
遲到好過不到 最好還是早到

Sur Les Grands Hommes

Modèles
des ambitions
du commun

Une seule conversation avec un sage
vaut mieux que dix ans d'études.
與君一席話 勝讀十年書

Les grandes âmes ont des volontés,
les faibles n'ont que des velléités.
大人有志 小人有願

Celui qui pose une question est un imbécile
pendant cinq minutes ; celui qui ne pose pas de
question est un imbécile à jamais.
不知則問 其惑一時
不知而不問 惑其一生

Les grandes pensées viennent du cœur.
智由心生

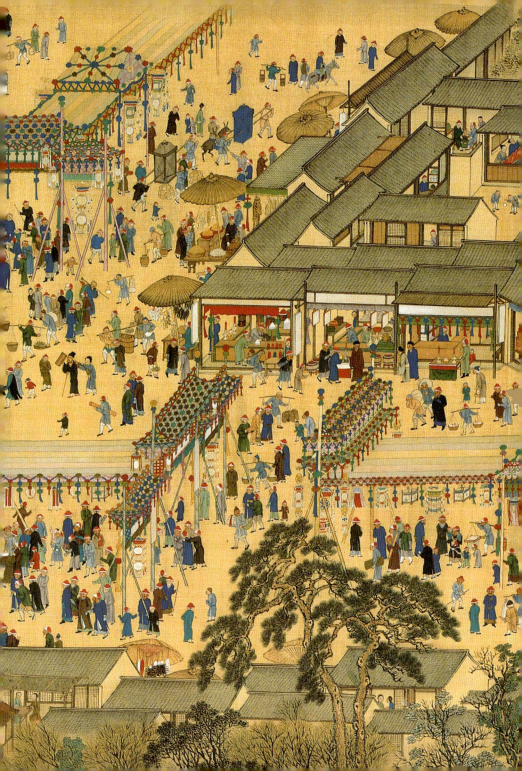

Certains grands hommes
nous font nous sentir petits, mais les hommes
vraiment grands nous font nous sentir grands.
有些偉人令人自覺渺小 真正偉人令人自覺重要

L'âge et le temps n'attendent personne.
歲月不饒人

Ne crains pas de croître lentement,
ne redoute que l'immobilisme.
不怕慢 只怕站

Ce n'est pas tant ta lenteur
que tes arrêts qui nous inquiètent.
不怕慢 只怕站

Conserve l'ancien
tout en prenant acte du nouveau.
溫故而知新

Les lois contrôlent les hommes de moindre valeur.
Une juste conduite contrôle les grands hommes.
小人靠法治 君子賴德行

Derrière chaque homme compétent,
il y a toujours d'autres hommes compétents.
山外有山 人外有人

L'homme qui épargne
devient un homme libre.
儉故能廣

Un sage prend ses propres décisions,
l'ignorant obéit à l'opinion publique.

智者靠己 庸者靠人

Les petits hommes pensent qu'ils sont petits,
les grands hommes ne savent jamais qu'ils
sont grands.

渺小的人認為自己渺小

偉大的人從不知道自己偉大

Si un homme fait seulement
ce qu'on lui demande, c'est un esclave.
Si un homme fait davantage que
ce qu'on lui demande, il devient un homme libre.

塞責者為奴 負責者為主

拾
16

Cela demande peu d'effort
de regarder un homme porter une charge.
隔岸觀火易

拾
17

Un homme doit s'insulter
avant que les autres ne le fassent.
人必自侮而後人侮之

拾
18

Plutôt disputer avec un sage
que jacasser avec un insensé.
寧與智者辯 莫與愚者聊

拾玖
19

Savoir n'est pas difficile,
c'est agir qui l'est.
知易行難

Les maîtres ouvrent la porte,
mais tu dois entrer par toi-même.
師父領進門 修行在個人

La simplicité de caractère résulte le plus
naturellement de la pensée profonde.
深思熟慮 則反樸歸真

Sois bon avec les méchants,
ils en ont le plus besoin.
仁以待不仁 裨益其所缺

Un grand homme se courbe et s'étire.
大丈夫能屈能伸

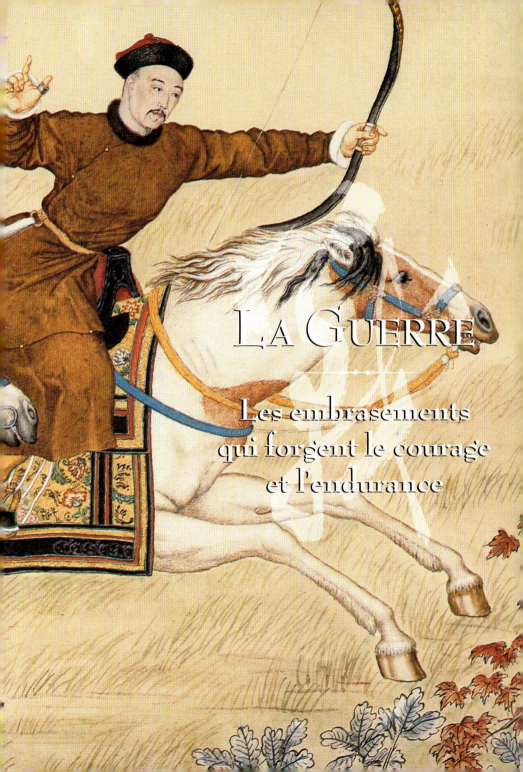

La Guerre

Les embrasements qui forgent le courage et l'endurance

Celui qui ne parvient pas à s'entendre
avec ses ennemis tombe sous leur coupe.
善與敵謀 方能制人

Des trente-six solutions,
la fuite est la meilleure.
三十六着 走為上着

Ne prends pas un mousquet pour tuer un papillon.
殺雞焉用牛刀

Un jour de chagrin
est plus long qu'un mois de joie.
悲傷難過 歡樂易忘

5

S'il y a de la lumière dans l'âme,
il y aura de la beauté dans la personne.
S'il y a de la beauté dans la personne,
il y aura de l'harmonie dans la maison.
S'il y a de l'harmonie dans la maison,
il y aura l'ordre dans la nation.
S'il y a de l'ordre dans la nation,
la paix régnera dans le monde.

心正而後身修
身修而後家齊
家齊而後國治
國治而後天下平

6

La plus grande victoire,
c'est la bataille que l'on n'a pas livrée.

不戰而屈人之兵 善之善者也

7

Les meilleurs soldats ne sont pas des guerriers.

人不可以貌相

Plus tu transpires en temps de paix,
moins tu saignes en temps de guerre.

平時多流汗 戰時少流血

La grandeur et la décadence d'une nation reposent
sur chacun de ses citoyens.

國家興亡 匹夫有責

Mieux vaut un ennemi déclaré qu'un faux ami.

明槍易擋 暗箭難防

Des milliers d'ossements deviendront cendre
avant qu'un seul général n'atteigne la gloire.

一將功成萬骨枯

Oublie les injures, n'oublie jamais les bienfaits.
有仇不念 有恩勿忘

Le soldat qui se replie de cinquante pas
se moque de celui qui se replie de cent.
五十步笑百步

L'attaque est la meilleure défense.
進攻是最佳的防守

Celui qui cherche la revanche
devrait se souvenir de creuser deux tombes.
冤冤相報只會同歸於盡

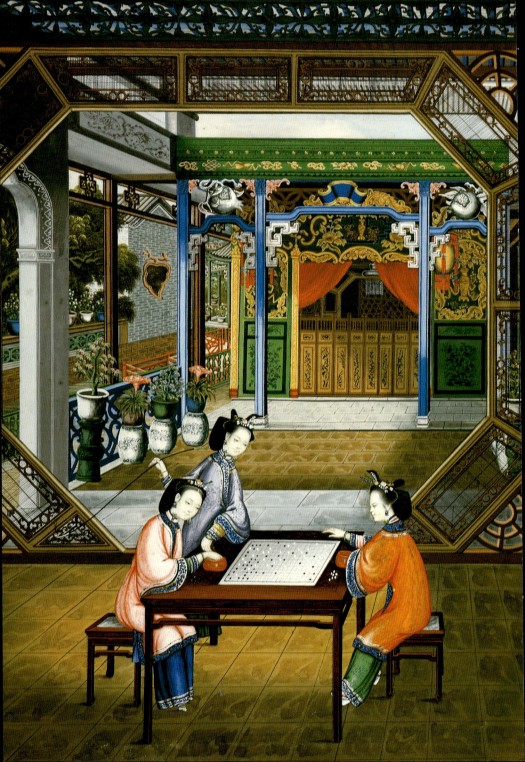

拾
16

Ceux qui jouent la partie
ne la voient pas aussi clairement
que ceux qui la regardent.

當局者迷 旁觀者清

拾
17

Un ennemi sera d'accord,
mais l'ami argumentera.

忠言逆耳

拾捌
18

Cent hommes pourront faire un campement,
mais il faut une femme pour faire un foyer.

安營需百夫 持家需一婦

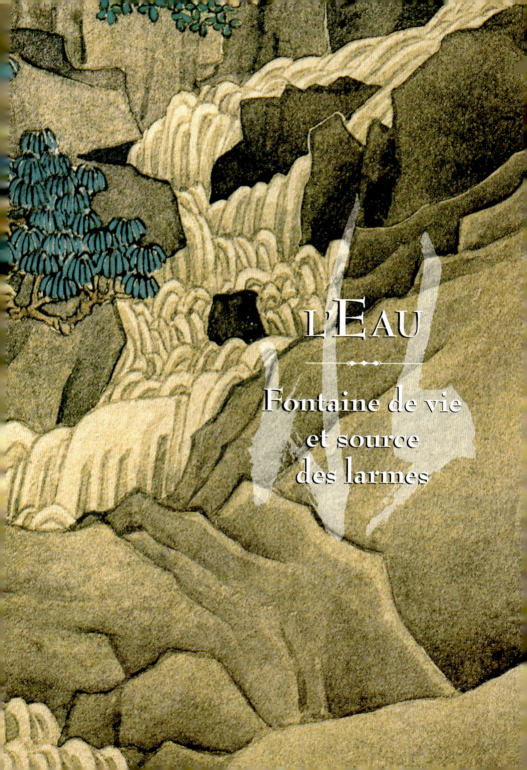

L'Eau

Fontaine de vie et source des larmes

Ne démantèle pas le pont
avant de l'avoir traversé.
過河拆橋

L'eau renversée
est difficile à rattraper.
覆水難收

Une promesse d'eau
n'étanche pas la soif du moment.
遠水解不了近渴

Il n'y a pas de vagues sans vent.
無風不起浪

5

Un homme porte deux seaux d'eau
pour son propre usage ; deux hommes
en portent un pour leur usage commun ;
trois hommes n'en portent aucun pour nul usage.

一個和尚挑水吃
兩個和尚擔水吃
三個和尚沒水吃

6

Les sages s'adaptent aux circonstances
comme l'eau
épouse les contours du pichet.

人之隨時猶水之隨器

7

Quand tu veux sonder la profondeur d'un cours
d'eau, ne te sers pas de tes deux pieds.

人前只說三分話　未可全交一片心

L'eau qui porte le navire
est aussi celle qui le submerge.

水能載舟 亦能覆舟

Lorsque tu bois de l'eau,
souviens-toi de la source.

飲水思源

L'oiseau ne se perche que sur une seule
branche à la fois. La souris ne peut boire plus
d'eau que son content.

弱水三千 只取一瓢飲

Quand l'aveugle conduit l'aveugle,
ils tombent tous les deux à l'eau.

盲人騎瞎馬 夜半臨深池

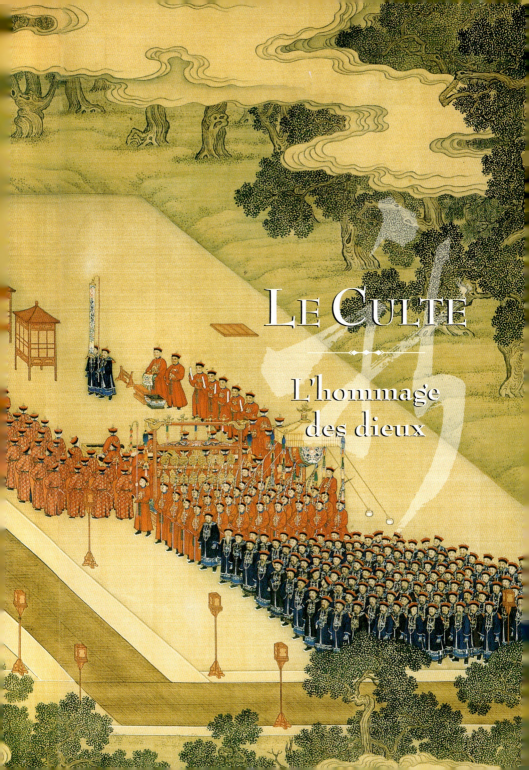

Le Culte

L'hommage des dieux

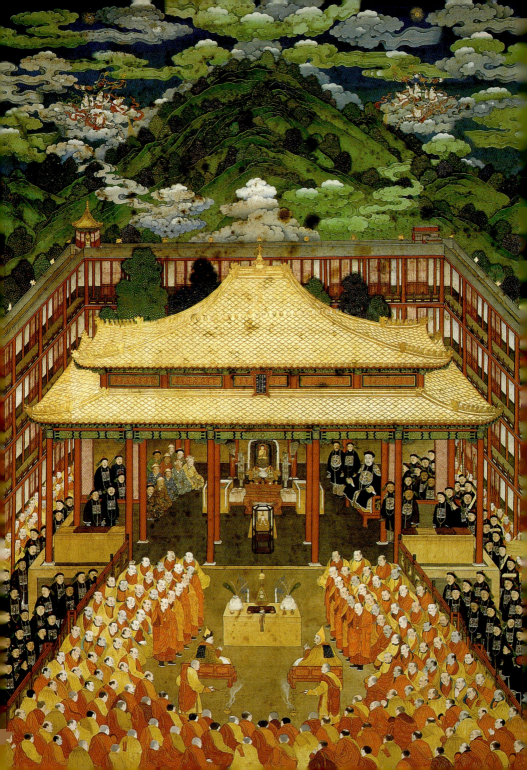

Respecte les dieux et respecte les démons,
mais tiens-les à distance.
敬鬼神而遠之

Mieux vaut faire une bonne action près
de chez soi que d'aller loin faire brûler de l'encens.
千里燒香不如隨處行善

Mieux vaut allumer une bougie
que maudire les ténèbres.
臨淵羨魚 不如退而結網

Pour le dirigeant, le peuple est le Ciel ;
pour le peuple, la nourriture est le Ciel.
君以民為本 民以食為天

Les gens vertueux doivent s'exprimer ;
tous ceux qui s'expriment ne sont pas vertueux.
有德者必有言 有言者未必有德

Celui qui dépend de lui-même
connaîtra le plus grand bonheur.
自求多福

Les bienfaits n'arrivent pas par deux ;
les malheurs n'arrivent jamais seuls.
福無雙至 禍不單行

Il est inutile d'allumer une bougie
en plein jour.
多此一舉